Die neue Autobahn

Von Lisa Marsoli
Illustrationen von Todd Bright, Andrew Philipson
und den Disney Storybook Artists

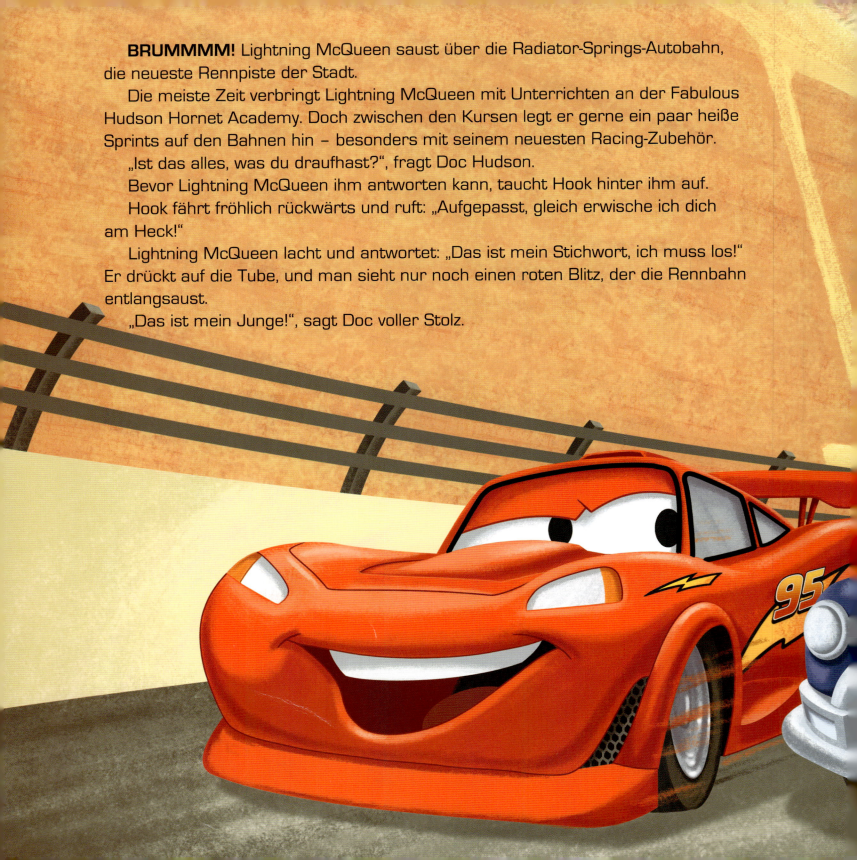

BRUMMMM! Lightning McQueen saust über die Radiator-Springs-Autobahn, die neueste Rennpiste der Stadt.

Die meiste Zeit verbringt Lightning McQueen mit Unterrichten an der Fabulous Hudson Hornet Academy. Doch zwischen den Kursen legt er gerne ein paar heiße Sprints auf den Bahnen hin – besonders mit seinem neuesten Racing-Zubehör.

„Ist das alles, was du draufhast?", fragt Doc Hudson.

Bevor Lightning McQueen ihm antworten kann, taucht Hook hinter ihm auf.

Hook fährt fröhlich rückwärts und ruft: „Aufgepasst, gleich erwische ich dich am Heck!"

Lightning McQueen lacht und antwortet: „Das ist mein Stichwort, ich muss los!" Er drückt auf die Tube, und man sieht nur noch einen roten Blitz, der die Rennbahn entlangsaust.

„Das ist mein Junge!", sagt Doc voller Stolz.

Nicht weit davon entfernt liegt die Chick Hicks Racing Academy, sie ist auch sehr beliebt ... bei verschlagenen und heimtückischen Autos. Chick hat sein ganz spezielles Racing-Zubehör.

Er prahlt gern vor seinen Schülern und verblüfft sie mit seiner Renntaktik, auch als „Die drei M" bekannt – mogeln, mogeln, mogeln.

Als sich ein schnittiges und hinterhältiges graues Auto namens Switcher als Schüler einschreibt, weiß Chick sofort, dass er einen neuen Trumpf an seiner Schule hat. Er bringt Switcher alle seine Tricks bei.

Beide Renn-Akademien wollen beweisen, dass sie die besten sind. Deswegen waren alle besonders aufgeregt, als das große Race-O-Rama-Rennen angekündigt wurde. Es ist ein besonderer Wettbewerb: Man muss vier Rennen an vier verschiedenen Orten fahren. Bei jedem Rennen würden Schüler der beiden Akademien gegeneinander antreten.

„Das wird eine fantastische Werbung für unsere Schule", sagt Doc.

„Besonders, wenn wir Chick schlagen", bemerkt Lightning McQueen. Es ist kein Geheimnis, dass er Chick nicht mag, wenige Autos tun das.

Als Chick hört, dass Lightning McQueen und Hook ein Team sein werden, meldet er Switcher schnell zum Rennen an.

„Die haben keine Chance! Ich werde denen zeigen, wer die bessere Schule leitet", prahlt Chick.

Chick will beim Siegen auf Nummer sicher gehen. Er besorgt sich einen gewaltigen Motor – so ist er seinen finsteren Zielen schon einen Schritt näher.

Er trainiert jeden Tag mit Switcher. Sein Lieblingsschüler soll in Topform sein, wenn er sein Rennpartner wird.

„Das nennst du Tempo?", ruft Chick. „Meine Großmutter fährt schneller als du!"

Switcher kneift die Augen zusammen und beschleunigt aufs Maximum.

Chick nickt anerkennend: „Das gefällt mir schon besser!"

Der Tag des Rennens ist da. An der Radiator-Springs-Rennstrecke knistert die Luft vor Spannung. Stoßstange an Stoßstange stehen die kreischenden Fans. Hook, Lightning McQueen, Chick und Switcher nähern sich der Startlinie. Switcher sieht zu seinen Konkurrenten hinüber. „Das soll ein Wettkampf sein?", sagt er zu Chick. „Die schlage ich doch mit geschlossenen Augen."

„Du wirst deine Augen schließen, weil du heulst, wenn ich dich in einer Staubwolke hinter mir lasse. **Ka-tschau!**", erwidert Lightning McQueen.

Bevor Switcher antworten kann, senkt sich die grüne Flagge, und das Rennen beginnt. Die Wagen starten den 100-Runden-Showdown.

Lightning McQueen übernimmt sofort die Führung, aber Switcher und Chick sind ihm dicht auf den Stoßdämpfern. Tatsächlich rammt ihn Chick in die Rückseite.

„Platz da!", grummelt Chick.

„Aber gerne doch!", antwortet Lightning McQueen lächelnd. Er schmeißt seinen neuen Turbo-Beschleuniger an und zischt davon.

„Hol ihn dir!", befiehlt Chick.

Switcher grinst hinterhältig. „Mit Vergnügen." Durch seinen neuen Beschleuniger hat er Lightning McQueen schnell eingeholt.

„Was hat dich so lange aufgehalten?", scherzt Lightning McQueen.

Doch Switcher ist nicht in Stimmung zu scherzen. Er ist in Stimmung zu mogeln! Switcher überholt und lässt eine dicke Ölspur hinter sich. Lightning McQueens Reifen rutschen auf dem Öl aus, er schlittert wild die Piste entlang und muss die Bremsen bis zum Anschlag durchdrücken.

Chick fährt neben Switcher her.

„Hast du das gesehen?", fragt Switcher. „Niemand kann mich aufhalten, wir sehen uns an der Ziellinie." Er braust davon und lässt Chick hinter sich.

Chick runzelt die Stirn, er hat von Switchers arroganter Art die Nase voll. „Wenn diese Blechkanne denkt, dass er den ersten Platz macht, soll er sich auf eine Überraschung gefasst machen."

RUMMS!
Chick rammt Switcher in die Seite. „Es wird Zeit, dass du lernst, wo dein Platz ist."
Switcher überschlägt sich mehrmals. Als er endlich zum Stehen kommt, quillt Rauch unter seiner Motorhaube hervor.
„Ich gehöre zu DEINEM Team!", ruft er.
„Jetzt nicht mehr ...", antwortet Chick, während er beschleunigt.
Lightning McQueen ist von dem Geschehen geschockt. Er funkt Doc an, um Hilfe für Switcher zu holen.

Lightning McQueen und Hook fahren in die Boxengasse.

„Boxenstopp!", ruft Guido, dann wechselt er mit Sarge und Luigi die Reifen und füllt die Tanks wieder voll Benzin.

„Ich kann nicht glauben, was Chick seinem eigenen Teamkollegen angetan hat. Es wird Zeit, dass ihm jemand etwas von seiner eigenen Medizin verabreicht", sagt Lightning McQueen.

„Meinst du etwa die drei großen M?", fragt Doc. „Nein, ich glaube, wir sollten unseren Plan M in die Tat umsetzen."

„Welcher Plan M?", fragt Hook.

„Keine Zeit für Erklärungen, folge einfach meinen Anweisungen!", sagt Doc.

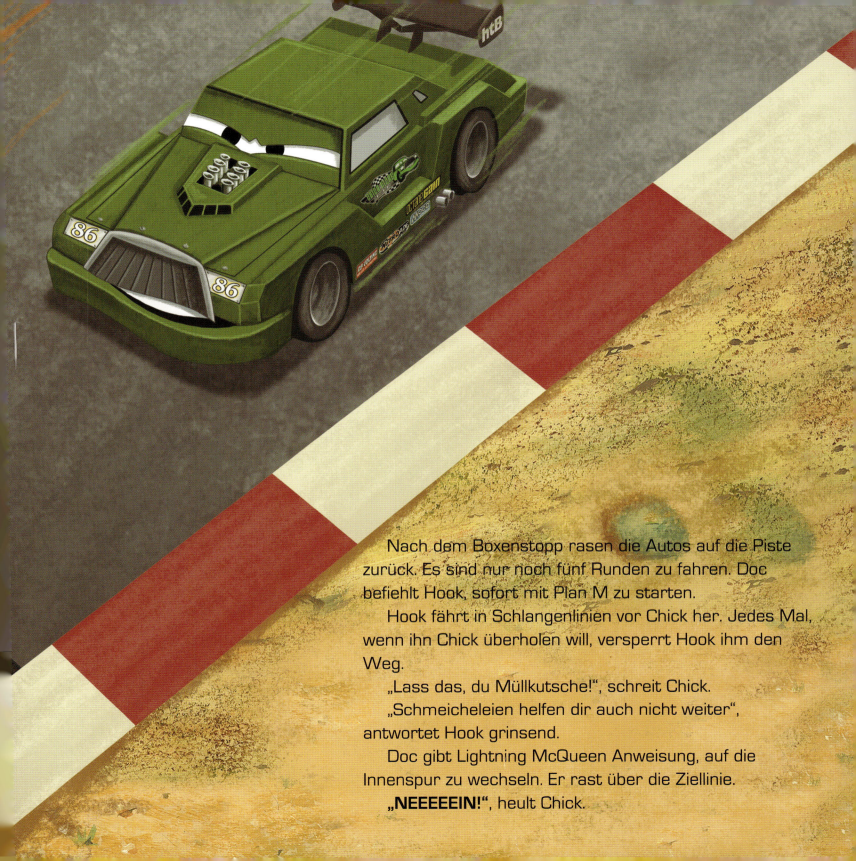

Nach dem Boxenstopp rasen die Autos auf die Piste zurück. Es sind nur noch fünf Runden zu fahren. Doc befiehlt Hook, sofort mit Plan M zu starten.

Hook fährt in Schlangenlinien vor Chick her. Jedes Mal, wenn ihn Chick überholen will, versperrt Hook ihm den Weg.

„Lass das, du Müllkutsche!", schreit Chick.

„Schmeicheleien helfen dir auch nicht weiter", antwortet Hook grinsend.

Doc gibt Lightning McQueen Anweisung, auf die Innenspur zu wechseln. Er rast über die Ziellinie.

„NEEEEEIN!", heult Chick.

Auf dem Siegerpodium gratuliert Doc Hook und Lightning McQueen – sie haben die Silberne Heckflosse gewonnen. „Gute Arbeit, Jungs!", sagt Doc. „Plan M hat geklappt."

„Wofür steht das M?", fragt Hook.

„Für Miteinander", erklärt Doc. „Cooles Design und eine heiße Ausrüstung können niemals den guten, alten Teamgeist schlagen."

Lightning McQueen grinst. „Und das ist auch besser als Chicks drei M."

Doc, Hook und Lightning McQueen lächeln in die Kameras – ihr erster Sieg beim Race-O-Rama-Rennen fühlt sich großartig an.

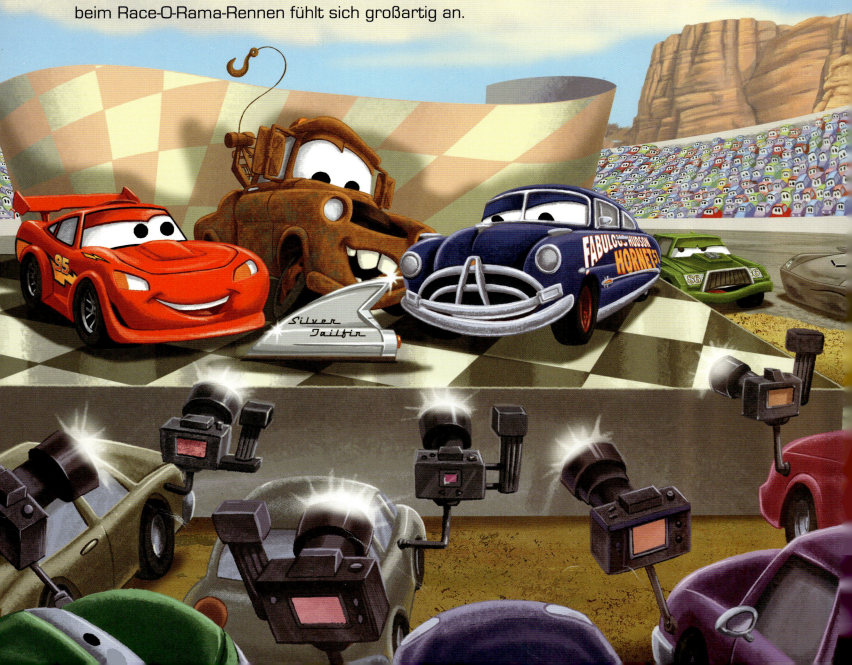